Mercati Finanziari: Scopri Tutti i Segreti del Mercato. La guida Completa per Capire la Finanza, Sviluppare la tua Economia e Puntare ai Giusti Investimenti.

Thomas J. Taylor

Published by Thomas J. Taylor, 2023.

MERCATI FINANZIARI: SCOPRI TUTTI I SEGRETI DEL MERCATO. LA GUIDA COMPLETA PER CAPIRE LA FINANZA, SVILUPPARE LA TUA ECONOMIA E PUNTARE AI GIUSTI INVESTIMENTI.

First edition. March 13, 2023.

ISBN: 979-8215038345

Written by Thomas J. Taylor.

Also by Thomas J. Taylor

Ethereum kompakt: Ethereum für Anfänger: Die Grundlagen zur Geschichte, Gegenwart und Zukunft, zu Ethereum und Ethereum Classic, Ether, Ethereum Tokens, DApps, Smart Contracts und Ethereum Wallets

Ethereum Concise: Ethereum for Beginners: The Basics on History, Present and Future, on Ethereum and Ethereum Classic, Ether, Ethereum Tokens, DApps, Smart Contracts, and Ethereum Wallets

The Sandbox Coin: The SAND ERC-20 Utility Token on the Ethereum Blockchain

Immobili: La guida agli investimenti immobiliari. Scopri Come Guadagnare con la Compravendita e gli Affitti. Sviluppa la tua Economia con il Marketing nel Real Estate e Crea la tua Rendita Passiva

Mercati Finanziari: Scopri Tutti i Segreti del Mercato. La guida Completa per Capire la Finanza, Sviluppare la tua Economia e Puntare ai Giusti Investimenti.

Sommario

CAPITOLO 1
Lessico e nozioni di base

L'**economia** è una disciplina divenuta sempre più importante nella società globalizzata ed iperconnessa nella quale ci troviamo a vivere oggi. Essa fa parte della coscienza comune ed è una parola d'ordine che collega le finanze personali del proprio nucleo familiare a quelle delle grandi imprese. Questo settore si occupa delle scelte dei singoli, ma anche di cose come il **denaro** ed i **prestiti**; oltre che nel **consumo**, del **commercio** e dei **mercati**, essa riveste un ruolo importante anche in settori come quello dell'**occupazione**, dei **prezzi** e delle **tasse**, di cos'è un **investimento** e molto altro.

Quale può essere allora una possibile **definizione** di economia?

Nonostante esistano diversi tipi di economia (economia aziendale, economia politica, microeconomia, macroeconomia, etc), è lecito dire che esistono alcuni concetti fondamentali che stanno alla base di tutte le diverse tipologie e che nel loro insieme contribuiscono a definire questa disciplina. È necessario innanzitutto specificare che tutti gli individui compiono un'**attività economica** nel momento in cui, a livello pratico, agiscono per procurarsi i mezzi che gli consentiranno di soddisfare i propri **bisogni** e/o desideri. Per poter però soddisfare bisogni e desideri materiali, però, sono indispensabili i **beni**. Essi si suddividono in **beni economici** e **non economici**. Questi ultimi costituiscono la minoranza, dal momento che si tratta di risorse naturali e gratuite, per il cui utilizzo nessuno sostiene costi. Si tratta quindi di beni reperibili in natura come la luce del sole, l'aria, l'acqua di mari fiumi e laghi: tutto ciò il cui utilizzo da parte di una persona non è limitante nei confronti degli altri. I *beni economici* sono invece tutti quei prodotti e/o servizi[1] che sono realizzati dall'attività umana. L'ottenimento dei beni economici impone un costo: è possibile usufruirne solo dietro pagamento di una cifra specifica. Alcuni esempi di beni economici sono: l'energia elettrica, il pane, l'acqua del rubinetto, il cui uso da parte di una persona ne impedisce l'uso da parte di un'altra.

I beni economici (che d'ora in avanti chiameremo semplicemente ***beni***) possono essere divisi in due categorie. Da un lato vi sono i beni di **consumo** e dall'altra quelli di **produzione**: i primi sono destinati a soddisfare immediatamente un bisogno umano (come, ad esempio, una confezione di pasta o una bottiglietta d'acqua), mentre i secondi servono a produrre a loro volta altri beni.

I principali erogatori di beni e servizi sono le imprese. Ma non solo: prima di soffermarci su di esse, è bene dare uno sguardo più ampio ai quattro attori che compongono il panorama dell'attività economica. Esistono **quattro categorie** di **soggetti economici**:

- Le famiglie;
- Gli enti no profit;
- Gli enti della pubblica amministrazione;
- Le imprese.

Vediamoli più nel dettaglio.

Le famiglie

La loro attività è principalmente quella del *consumo* di prodotti e servizi, ma non è l'unica: il nucleo familiare si occupa infatti anche di *autoproduzione* (pulizia della casa ad esempio) e di *gestione del risparmio*. Le famiglie inoltre prestano *lavoro*, e tramite esso generano guadagni che serviranno per accedere e/o acquistare beni e servizi. Non solo: i guadagni ottenuti tramite il lavoro generano **reddito** che verrà messo da parte oppure **investito** in qualche attività. In particolari momenti, le famiglie generano i propri guadagni finanziari (destinati a coprire il fabbisogno) ricorrendo a **prestiti bancari**. Le scelte di un nucleo familiare relative alla qualità e quantità dei beni e dei servizi da acquistare sono fondamentali, dal momento che esse influenzano il successo o il fallimento di determinate imprese piuttosto che di altre.

Gli enti no profit

Si tratta di erogatori di beni e servizi di carattere prettamente non economico: il cui fine non è, cioè, quello del guadagno *personale*. Sono aziende che nascono su iniziativa privata, e che, proprio in nome della loro causa, non possono distribuire denaro, immobili, o patrimonio in generale ai loro associati. Ad un ente no profit è quindi consentito guadagnare, ma esso è poi costretto ad investire ciò che ha guadagnato: non gli è concesso distribuire beni ai propri soci (come avviene, al contrario, nelle imprese, che nascono proprio con l'obiettivo di arricchire chi ne sta a capo).

Gli enti della pubblica amministrazione

Con questa definizione si fa riferimento sia allo stato centrale che alle sue emanazioni di carattere periferico (regioni, province e comuni). L'attività di questi soggetti avviene principalmente attraverso la diffusione di leggi e regolamenti. Ci sono tre motivi per cui lo stato dovrebbe intervenire nella produzione di beni e servizi:

a) Il bene offerto è considerato critico dal punto di vista politico (televisione o stampa ad esempio);

b) Se alcuni settori venissero lasciati in mano ai privati, i beni e i servizi risulterebbero inaccessibili per gran parte dei cittadini a causa del loro costo. L'intervento dello stato garantisce gratuità e democrazia nell'utilizzo dei servizi di interesse pubblico (l'istruzione, la sanità, i trasporti, etc).

c) Vi sono ambiti che appartengono allo stato per necessità, come ad esempio la giustizia e la sicurezza pubblica.

Le imprese

Esse, come accennato, si occupano di fornire beni e servizi economici agli acquirenti. Esistono diversi tipi di imprese:

a) **Imprese individuali**: quando si apre un'impresa a proprio nome, con partita IVA. Si tratta di imprese molto piccole, composte da un'unica persona iscritta alla Camera del Commercio.

b) **Società di persone**: sono imprese più complesse e composte da più persone. Le società di persone sono caratterizzate da una responsabilità *illimitata* e *solidale*. Ciò significa che tutti i soci rispondono allo stesso modo (in maniera quindi solidale) e, in caso di eventuale fallimento, i debiti verranno pagati tramite pignoramento dei beni personali. Le società di persone si dividono in **Società semplici (SS)**, **Società a nome collettivo (SNC)**, **Società in accomandita semplice (SAS)**.

c) **Società di capitali**: a differenza delle società di persone, in questo caso la responsabilità è vincolata al solo capitale. Al momento della fondazione viene quindi investita una cifra scelta dai soci fondatori, quindi un capitale, che verrà requisito in caso di fallimento dell'azienda, lasciando intatti i beni personali dei soci. Le società di capitali possono essere di diversi tipi: **Società di responsabilità limitata** (**SRL**, la più piccola), **Società per azioni** (**SPA**, la forma più grande di società) e **Società in accomandita per azioni** (**SAPA**, composta da soci accomandanti e accomandatari). Le società di capitali sembrano le più convenienti ma sono in realtà le più complesse da gestire: esse sono composte da organi vari, come il consiglio di amministrazione, il collegio sindacale, l'amministratore delegato. È a tutti questi organismi che bisogna rendere conto; inoltre, le società di capitali sono divise in azioni: ogni socio possiede una percentuale di capitale. Più è grande la quota posseduta, maggiore sarà la libertà decisionale del socio.

È necessario ricordare che chiunque sia intenzionato a mettersi in proprio e aprire un'azienda deve necessariamente aprire una **partita iva**. La **partita IVA** è tecnicamente una sequenza di undici cifre che identifica univocamente un soggetto che esercita un'attività, di impresa e non, rilevante ai fini, appunto, dell'imposizione fiscale indiretta[1] (IVA). È quindi indispensabile aprirne una in modo tale che lo stato possa identificare la nostra attività e applicare la giusta percentuale di tassazione a seconda di quanto guadagna la nostra impresa. Gli elementi che vanno presi sempre in considerazione per riuscire a capire autonomamente se e quando una partita IVA debba essere aperta, sono sostanzialmente due:

- La **continuità** e **l'abitualità** del nostro esercizio: ovvero che esso si svolga in maniera continua e abituale.
- La **professionalità** con cui il nostro esercizio viene condotto: la nostra attività, cioè, deve essere portata avanti con l'intento di ricavarne dei guadagni e deve **quindi** essere organizzata di conseguenza.

Quando si è in presenza di questi requisiti fondamentali si è quindi obbligati ad Aprire Partita Iva. Quindi, volendo sintetizzare:

1. https://it.wikipedia.org/wiki/Imposta_sul_valore_aggiunto

abitualità + continuità + struttura professionale= obbligo ad aprire la partita IVA.

L'**apertura della Partita Iva** secondo questi criteri si rende indispensabile anche se l'attività di per sé non ha ancora prodotto alcun utile o ricavo. Infatti, gli aspetti che più contano ai fini fiscali sono la propensione e l'intenzione del singolo soggetto ad esercitare un'attività in grado di generare reddito. Ecco perché l'obbligo di apertura di partita IVA si estende anche nei casi in cui, ipoteticamente, per il momento, il reddito non è stato ancora generato (o presumibilmente mai lo sarà). Specifichiamo che (come ha chiarito la stessa Agenzia delle Entrate) con il termine abituale deve si deve intendere un'attività che si ripete costantemente nel tempo e che, per poter essere svolta, necessita dell'impegno intellettuale o materiale che sia.

CAPITOLO 2
La domanda e l'offerta

Quelli che abbiamo appena elencato sono i quattro attori principali che interagiscono fra loro all'interno di un panorama molto più ampio che è quello del **mercato economico**. Ciò che sta davvero, però, alla base di tutti gli studi successivi effettuati sull'economia, è quella che viene comunemente chiamata la **legge della domanda e dell'offerta**. Risulta impossibile capire le logiche di mercato e i concetti più basilari della scienza economica se non si è a conoscenza di questo concetto fondamentale. Ma cosa sono la domanda e l'offerta? Come funzionano? Vediamole più da vicino. La **domanda** fa riferimento a quanto un bene o servizio è desiderato dai consumatori. Varia a seconda del prodotto o servizio preso in considerazione e più è alta, quindi, più significa che quel bene è richiesto dagli utenti. Il valore della domanda riguarda quindi la *quantità* di un prodotto che le persone sono disposte ad acquistare a un determinato *prezzo*.

L'**offerta**, invece, fa riferimento alla quantità di beni o servizi che il mercato può fornire. Essa quindi, esattamente come la domanda, varia a seconda del bene/servizio analizzato. Il valore dell'offerta, così come quello della domanda, riguarda la quantità di prodotto che una determinata impresa è disposta ad emettere in cambio di un certo *prezzo*.

Il **prezzo**, quindi, come si può vedere, è un valore ottenuto come riflesso del rapporto tra domanda e offerta. Il continuo oscillare di domanda e offerta determina quindi tutta una serie di mutamenti che condizionano tutti gli attori economici, dal produttore al consumatore finale, determinando le **logiche di mercato**.

La **legge della domanda e dell'offerta** è scindibile in legge della domanda e legge dell'offerta. La **legge della domanda** prevede che la quantità domandata di un bene è inversamente proporzionale al prezzo del bene stesso: quanto più è alto il prezzo del bene, tanto meno esso è richiesto. Viceversa, quanto più è basso il prezzo del bene, tanto più esso è richiesto. La **legge dell'offerta** stabilisce invece l'esistenza di una relazione crescente e diretta, positiva, tra la quantità offerta di un bene e il suo prezzo. Secondo questa legge, quindi, quanto più è alto il prezzo di un bene economico, tanto maggiore è la quantità che di esso viene offerta, e viceversa: al diminuire del prezzo di un bene o servizio se ne abbasserà anche l'offerta.

Quando il prezzo eguaglia sia la quantità domandata che la quantità offerta di un bene, si può parlare di **prezzo di mercato** o *prezzo di equilibrio*.

Vi sono però diverse tipologie di domanda. Le principali sono:

- **Domanda di mercato**: consiste nella somma delle quantità di un bene richieste da tutti gli utenti, in relazione al prezzo del bene.
- **Domanda individuale**: è l'opposto della domanda di mercato e consiste nella quantità di un bene economico richiesta da parte di un singolo consumatore.
- **Domanda aggregata**: è la somma di tutte le domande

di più beni economici da parte di un singolo gruppo di soggetti economici (imprese, famiglie, etc) all'interno di un mercato.

Esistono poi diverse tipologie di offerta, come nel caso della domanda:

- **Offerta di mercato**: si tratta di un concetto studiato dalla microeconomia e si riferisce alla quantità totale di offerta di un singolo bene da parte di tutte le imprese presenti sul mercato.
- **Offerta individuale**: è la relazione tra la quantità dell'offerta di un bene ed il suo costo da parte di una sola impresa. Si tratta anche in questo caso di un tema studiato dalla microeconomia.
- **Offerta aggregata**: è la quantità totale dell'offerta di *tutti* i beni, prodotti da *tutte* le imprese che operano su un certo mercato economico. È oggetto di studio della macroeconomia.

Sia la domanda che l'offerta hanno inoltre un certo grado di **elasticità**. L'elasticità della *domanda* è il rapporto tra la variazione percentuale della quantità domandata e la variazione percentuale del prezzo del bene. Essa quindi misura in che modo la domanda dei consumatori è in grado di crescere o diminuire al variare di un bene economico. L'elasticità dell'*offerta*, invece, viene misurata analizzando il rapporto tra la variazione della quantità di offerta di un bene e la relativa variazione del prezzo del bene stesso. L'elasticità dell'offerta misura, quindi, come essa muta al mutare del prezzo di un prodotto.

Come si è visto, quindi, domanda e offerta sono strettamente legate fra loro, e al mutare di una muta immediatamente anche l'altra. Cosa succede, ad esempio quando vi è un **eccesso** di offerta o di domanda? Partiamo dall'eccesso di domanda. Esso può essere *positivo* o *negativo*: nel primo caso la domanda sarà maggiore dell'offerta (in questo caso è possibile quindi incrementare la produzione dal momento che gli utenti sono disposti a comprare quel determinato prodotto); nel secondo caso, invece, la domanda risulterà minore dell'offerta (ci si troverà così ad aver prodotto e immesso nel mercato più beni di quanto i consumatori siano in grado di acquistare). Eccesso di domanda e offerta sono fra loro inversamente proporzionali: un eccesso di domanda positivo corrisponde quindi ad una scarsità di offerta, mentre un eccesso di domanda negativo corrisponde ad una eccessiva abbondanza di offerta.

A questo proposito, **Adam Smith**, celeberrimo economista settecentesco, introduce la teoria della **mano invisibile**. Secondo questa teoria, sarebbe la "provvidenza" a regolare il rapporto fra domanda e offerta: un mercato libero da qualsiasi imposizione è quindi in grado di autoregolarsi e aggiustare eventuali eccessi o difetti. Questo grazie al ruolo fondamentale della **concorrenza**: la competizione fra le imprese stimola ogni azienda a dare il proprio meglio producendo così beni di qualità ed efficienza sempre superiore.

CAPITOLO 3

I fattori critici di successo

Per poter rispondere alla domanda espressa dai consumatori in modo efficace, è importante che l'azienda scelga quale fascia e tipologia di utenza soddisfare. Una volta scelto dove competere, risulta molto più semplice adattare la propria offerta alla domanda, in modo mirato e strategico. Decidere su quale fascia di utenza competere presuppone la conoscenza di quelli che vengono definiti **fattori critici di successo** o *key success factors*. Si tratta delle sezioni specifiche di mercato a cui ci si vuole rivolgere, ovvero delle motivazioni per le quali un certo gruppo di consumatori dovrebbe preferire l'offerta di una impresa rispetto a quella dei concorrenti. La paternità del concetto è stata attribuita a Ronald Daniel e ha origine nel 1961. Il concetto è stato successivamente perfezionato da Rockart che nel 1979 li ha definiti come "quel numero limitato di aree in cui i risultati, se sono soddisfacenti, assicurano all'organizzazione una performance competitiva di successo. Sono le poche aree chiave in cui 'le cose devono andare bene' affinché il business possa prosperare". È importante sottolineare che i fattori critici di successo sono *soggettivi*, e non solo variano da settore a settore, ma due imprese che appartengono ad uno stesso settore possono anche avere diversi fattori critici di successo. I fattori critici di successo devono avere determinate caratteristiche:

- Devono risultare fondamentali per il raggiungimento degli obiettivi e dei traguardi aziendali generali;
- Devono essere misurabili e controllabili

dall'organizzazione a cui si applicano;

- Devono essere relativamente pochi di numero, non tutto può essere critico;
- Vanno necessariamente presentati come qualcosa che devo essere fatto, non come il punto finale del processo;
- Devono essere applicabili a tutte le aziende del settore con obiettivi e strategie non uguali, ma almeno simili nelle linee guida.

Per fare un discorso più pratico e più utile ai fini di questo manuale, alcuni esempi di fattori critici di successo possono essere:

- La *funzionalità tecnica*: questo fattore è applicabile soprattutto nel caso dell'acquisto di dispositivi elettronici o di elettrodomestici (che costituiscono quindi acquisti di lunga durata). Il cliente, giustamente, si aspetta che il dispositivo acquistato duri il più a lungo possibile e che non presenti guasti.
- Il *low cost d'acquisto e manutenzione*: il bene dovrebbe possedere un basso prezzo sia diretto (costo dei consumi, della manutenzione, etc) che indiretto (costi di installazione, tempi e costi di apprendimento all'uso, etc).
- La *flessibilità d'utilizzo*: ovvero la possibilità di usare il bene acquistato per compiere più funzioni, di aggiornarlo in tempi brevi e con costi bassi.
- L'*integrabilità*, la *compatibilità*, la *personalizzazione*: ovvero, in sintesi, la capacità di poter integrare in maniera rapida e con prezzi contenuti il bene acquistato

con altri beni già in nostro possesso o che siamo intenzionati ad acquistare.

- Il compimento di *bisogni di prestigio*: il fatto di possedere ed ostentare un certo prodotto può essere per alcuni di grande rilevanza sociale.
- Il compimento dei *bisogni di umanità, solidarietà* e di salvaguardia dell'ambiente e dei diritti umani.

Il sistema di offerta

Il sistema di offerta di un'impresa comprende quattro aspetti diversi: le *caratteristiche concrete*, i *servizi collegati* ai beni che sono proposti, le *caratteristiche non concrete*, i *termini dello scambio*.

Le **caratteristiche concrete** di un sistema di offerta sono costituite da elementi diversi: proprietà fisiche (materiale, peso, etc), gli attributi tecnici (come un acquisto lavora e funziona), proprietà estetiche (stile, design, etc). I **servizi collegati** al bene offerto si distinguono in servizi di pre e post vendita (come le informazioni di supporto alla scelta; la consegna, il tipo di assistenza, etc), e infine quelli che sono disponibili in loco quando si acquista il bene. Le **caratteristiche non concrete** possono invece essere costituite dall'immagine, dalla fama e dal prestigio del brand. I **termini dello scambio** comprendono infine fattori importantissimi come il prezzo, i tempi di pagamento e di consegna).

In conclusione, va segnalato che esistono tanti sistemi di offerta quanti sono i mercati a cui l'azienda si rivolge, i canali serviti, e i prodotti e/o servizi offerti.

Prodotto Interno Lordo o PIL

L'insieme, su scala nazionale, di domanda e offerta in un determinato periodo di tempo, genera quello che viene definito Prodotto Interno Lordo. Molti sapranno già di cosa si tratta, ma vediamolo comunque un po' più da vicino. Quando si parla di **PIL (Prodotto Interno Lordo)** si intende il valore di beni e servizi prodotti in uno Stato lungo un certo arco di tempo. La quantità di questo valore è ciò che risulta dal processo di scambio, ovvero dalla vendita dei suddetti beni. **Nel PIL sono compresi gli ammortamenti (ecco perché viene definito Lordo)**. Con ammortamenti si intende, come si vedrà meglio nel capitolo successivo, l'abbassamento del prezzo degli organi che formano il sistema produttivo nel suo complesso; essi perdono valore con il tempo e con l'usura e devono essere continuamente ripristinati. Il PIL è il maggiore indicatore di salute di un sistema economico, dal momento che esso mostra l'abilità del sistema di produrre e vendere beni. Sull'analisi dell'andamento del PIL si concentrano le attenzioni degli analisti e degli economisti, ma non solo: questo valore rappresenta infatti la variabile più decisiva nelle scelte di politica economica. Il valore del PIL può essere calcolato con tre diverse modalità: il **metodo della spesa**, il **metodo del valore aggiunto**, il **metodo dei redditi**.

Il **metodo della spesa** analizza il PIL dal punto di vista della domanda, cioè di coloro che usufruiscono del bene. Secondo questo metodo, il PIL totale è composto da: consumi, investimenti, spesa pubblica, esportazioni. Il **metodo del valore aggiunto**, invece, analizza il PIL dal punto di vista dell'offerta. Si deve tenere conto in questo caso di valori come l'acquisto di beni intermedi e di fattori produttivi che consentono ad ogni passaggio di incrementare il valore. Sommando tutti questi valori aggiunti si giunge ad un valore identico a quello ottenuto con il metodo precedente. Il **metodo** del **reddito** si basa infine sul concetto che la produzione di un paese genera un **reddito** di eguale valore. Quindi per ottenere il PIL si sommano tutti i tipi di **reddito**: lavoro, capitale, imposte. Anche in questo caso, si otterrà un valore identico a quello dei metodi precedenti.

CAPITOLO 4
Il bilancio d'esercizio: nozioni base

La compilazione del bilancio d'esercizio è fondamentale per capire, anno per anno, quali sono i ricavi e le spese di un'impresa. Questo documento ha il compito di riassumere schematicamente tutto ciò che un'azienda possiede e tutto ciò che essa ha speso o programma di spendere in futuro. Quando si vuole rilevare un'attività, ad esempio, è **essenziale** controllarne il bilancio degli ultimi anni, **per non rischiare di investire il proprio denaro in qualcosa che si avvia già al fallimento.** Prima di spiegare però più nel dettaglio cosa sia e come si costruisca un bilancio, è necessario chiarire e soffermarsi su alcuni termini e punti chiave tipici dell'economia aziendale. Nelle pagine seguenti si vedranno inoltre i principali elementi da cui è composto un bilancio.

Costi fissi e costi variabili

Esistono, come tutti potranno ben immaginare, diversi **costi operativi** legati alla gestione e produzione aziendale. Essi possono essere di due tipi, a seconda della loro presenza lungo un periodo di tempo più o meno lungo: fissi o variabili.

Sono **costi fissi** quelli che rimangono invariati al variare della produzione: sia che io produca zero, sia che io produca la quantità massima che la mia impresa mi consente. Nel caso di un bar, esempio, possono essere considerati costi fissi elementi come l'affitto, il noleggio della macchina da caffè, etc. Che io abbia il bar vuoto o il bar pieno, i costi fissi mensili non cambiano.

I **costi variabili** sono invece quelli che variano in maniera direttamente proporzionale al variare della quantità. Essi saranno quindi zero per una quantità pari a zero, e poi cresceranno di volta in volta proporzionalmente alla crescita della produzione. Quindi, nel caso del bar, il consumo di caffè, zucchero, bevande sono considerati costi variabili.

Cos'è un capitale

Nel linguaggio economico, con questo termine si intende l'insieme di tutta la ricchezza orientata alla produzione di reddito e che viene identificata con la ricchezza materiale che posseduta da un individuo o da un'azienda. È possibile distinguere fra capitale **monetario** e **reale**. l primo consiste nelle macchine, negli impianti, nelle scorte di materie prime, etc.; il secondo è invece sotto forma di moneta. Il capitale reale può infine essere **fisso** o **circolante**: è fisso se composto di beni che non vengono logorati del tutto da un solo ciclo di produzione e che possono essere riutilizzati in più cicli successivi (macchinari, impianti, edifici, etc.); è invece circolante se composto di beni che possono essere impiegati una sola volta in un ciclo produttivo (come le materie prime e ausiliarie, l'energia, ecc.). È indispensabile fornire un capitale, ad esempio, nel momento in cui si decide di fondare una società di capitale; esso può essere messo a disposizione dai singoli soci oppure chiesto in prestito dalle banche, e va sempre inserito all'interno del proprio bilancio aziendale.

Utile, perdita, reddito

Con **utile** si indica la *differenza* tra ricavi e costi di un'impresa. Se tale differenza è positiva viene comunemente chiamato profitto o surplus, in caso contrario viene chiamato perdita o deficit. In parole povere, quindi, l'utile è il guadagno effettivo dell'azienda. Esso si ottiene quando i ricavi – e quindi i guadagni – sono maggiori dei costi, e figurerà nel risultato finale del bilancio d'esercizio. Quando invece i costi sono maggiori dei ricavi si avrà una chiusura in **perdita**: ciò significa che, per quell'anno, l'azienda ha speso più di quanto ha guadagnato, e che rischia il fallimento. L'utile o perdita, così come risultano dal bilancio, sono sempre lordi e mai netti: per questo motivo vengono definiti **reddito imponibile** o **ante imposte**. Essi infatti sono obbligatoriamente soggetti alla tassazione prevista dallo stato; si ottiene così il **reddito netto**.

Credito e debito

Con **credito**, come molti sapranno, si intende tutto ciò che abbiamo investito e che ci attendiamo di ricevere indietro: prestiti, etc. Con **debito**, invece, si intende l'opposto: tutto ciò che ci è stato prestato e che dobbiamo ridare indietro: è il classico esempio del mutuo.

Anche crediti e debiti aziendali vengono inseriti all'interno del bilancio d'esercizio, nella sezione dello *stato patrimoniale* (che vedremo meglio più avanti). All'interno del bilancio, crediti e debiti compaiono sotto la dicitura di **attivo** e **passivo**. Con attivo si intendono i crediti, con passivo i debiti. L'attivo, come si vedrà meglio fra poco, si divide in attivo corrente e attivo fisso netto, mentre il passivo comprende **passivo corrente** e **passivo consolidato**.

Trattamento di Fine Rapporto

Anche noto semplicemente con l'acronimo di **TFR**, si tratta di una cifra che l'impresa mette da parte periodicamente e che viene utilizzata per pagare la liquidazione dei dipendenti al momento della conclusione del rapporto lavorativo. Il TFR è quindi un fondo creato con il denaro che viene trattenuto dallo stipendio mensile di ogni dipendente, e che viene utilizzato nel momento in cui si decide di licenziare uno dei dipendenti dell'azione o, al contrario, è egli stesso a presentare le proprie dimissioni. Poiché che si tratta di una cifra che, fino a quando non viene usata, rimane nelle casse dell'impresa, esso va dichiarato annualmente nel momento in cui si compila il *conto economico*[2] che compone il bilancio.

N.B.: Nel conto economico, insieme al Trattamento di Fine Rapporto, andranno anche inserite le ulteriori spese relative ai dipendenti: stipendi, contributi, emolumenti, etc.

Ratei e risconti

Nel bilancio vanno inseriti non solo gli acquisti e le spese già effettuati, ma anche quelli in programma per l'anno successivo, che però hanno già avuto ripercussioni sul bilancio dell'anno appena conclusosi. A questo proposito è quindi opportuno soffermarsi brevemente su **ratei** e **risconti**.

Un **rateo** è un guadagno o una spesa futura che combacia ad una quantità di ricavi e costi già esistenti, ma non ancora posseduti, dal momento che la loro trascrizione avverrà all'interno del bilancio successivo. Sostanzialmente, si tratta ad esempio di merce già ricevuta ma il cui pagamento avverrà più avanti, e che quindi sarà inserito nel bilancio dell'anno successivo.

Un **risconto** è l'esatto opposto di un rateo: è un valore di spesa o di guadagno non ancora esistente, ma già in nostro possesso, poiché ha già avuto manifestazione finanziaria. Anche in questo caso, il valore del bene acquistato verrà inserito all'interno del bilancio dell'anno successivo.

Ammortamento

Quando si parla di ammortamento si intende, in parole povere, il piano di restituzione graduale di un debito, mediante il pagamento periodico di rate. Nello specifico, il *piano di ammortamento* è un prospetto che indica, per ogni periodo di rimborso (un mese, tre mesi, sei mesi) l'importo delle rate, il debito estinto e il capitale residuo (la quota che il debitore deve ancora versare).

Rimanenze

Le rimanenze sono fattori produttivi che non hanno ancora originato un ricavo e quindi un guadagno. Esse sono associate e trasformate per realizzare tutti i beni economici di cui l'impresa si occupa. Si può dire, in parole povere, che le rimanenze siano merci, prodotti, materie prime, che non hanno ancora dato origine a nessun tipo di introito. Alla fine dell'anno, alcuni dei materiali usa e getta rimangono quindi inutilizzati in magazzino, pronti per essere usati l'anno successivo. Le rimanenze si dividono quindi in diverse categorie:

- **Approvvigionamenti**: tutte le materie prime acquistate

per la produzione di un bene, inclusi i materiali che vengono consumati come benzina, farina, zucchero, etc.

- **Merci**.
- **Prodotti**: in questa definizione sono compresi prodotti finiti, semilavorati, e sottoprodotti (beni che vengono prodotti non come scopo principale dell'azienda ma come conseguenza più o meno accidentale).

I costi delle rimanenze vanno inseriti nello stesso bilancio in cui compaiono le cifre dei guadagni da esse generati. Inoltre, esse vanno inserite insieme al capitale di esercizio dal momento che rappresentano comunque un impiego di risorse.

Liquidità

Si tratta di uno dei temi più noti dell'economia aziendale. In molti sanno già cosa sia la liquidità, ma è opportuno guardare comunque un po' più da vicino questo concetto fondamentale nella gestione aziendale. Con questo termine ci si riferisce alla disponibilità di mezzi di pagamento in contanti a brevissimo termine. In poche parole, con liquidità si intende il denaro vero e proprio, disponibile immediatamente (quindi non sotto forma di credito) che riempie le casse dell'impresa. È da tenere ben a mente che entrambi gli estremi sono sbagliati: se spendere tutto il denaro a propria disposizione ci lascia con le spalle scoperte in caso di eventuali emergenze, è anche vero che una cassa eccessivamente abbondante risulta controproducente sul lungo periodo: meno denaro investiamo nelle attività aziendali, meno ricavi e guadagni avremo nel corso dei mesi e degli anni.

Mobili e immobili

Entrambi rientrano nel patrimonio aziendale ma, come molti sapranno, essi si riferiscono a cose diverse e opposte. I beni immobili e mobili sono disciplinati dall'*articolo 815 del Codice Civile*, secondo il quale si può parlare di beni immobili quando si considerano il suolo, le sorgenti, i corsi d'acqua, gli alberi e gli altri elementi naturali. Inoltre, il Codice Civile considera beni immobili anche gli edifici e le altre varie costruzioni (anche se costruite solo provvisoriamente). Rientrano quindi nei beni immobili anche tutto ciò che è per natura o artificialmente unito al suolo. Anche i mulini, i bagni e gli altri edifici galleggianti – se sono saldamente assicurati alla riva o all'alveo e vengono destinati a rimanere lì in maniera permanente – sono valutati come beni immobili. Il Codice Civile stabilisce poi che "tutti gli altri beni" sono invece considerabili come beni mobili. Questi ultimi sono quindi tutti i prodotti che, molto banalmente, possono muoversi: navi, aeromobili, autoveicoli, etc.

Conoscere la differenza tra beni mobili e beni immobili è più importante di quanto in realtà non si pensi comunemente. Ma come mai? La risposta va ricercata in diversi fattori:

- Nel diverso modo in cui i due tipi di beni vengono **trasferiti**.

Il trasferimento dei beni mobili è molto semplice. Esso avviene attraverso la semplice consegna fisica del bene, la quale consente di trasferire anche la proprietà ad esso relativa. La situazione si complica invece nel caso dei beni immobili. Per il loro trasferimento è indispensabile la forma scritta *ad substantiam*, ovvero un documento cartaceo vero e proprio che attesti in forma scritta tutto ciò che capita ad un determinato bene immobile.

- nei **meccanismi pubblicitari** relativamente ai beni.

Per i beni immobili è necessario annotare tutte le vicende giuridiche che li riguardano in appositi registri. In questo modo i terzi possono venire a conoscenza delle loro vicende. Alcuni beni mobili sono tuttavia equiparati dal legislatore a dei beni immobili. La pubblicità attraverso trascrizione su appositi registri è prevista per alcune categorie di beni mobili. Per questo motivo essi vengono chiamati "beni mobili registrati".

- nelle **garanzie reali** riguardanti i beni.

I beni immobili sono passibili di ipoteca[1], mentre quelli mobili di pegno[2]. I beni mobili possono inoltre non appartenere a nessuno, mentre i beni immobili che non sono di nessuno divengono automaticamente di proprietà dello Stato.

N.B.: con **ipoteca** si intende la cessione dei diritti di un bene mobile o immobile che ci appartiene ad un creditore, in modo tale che il bene ipotecato fornisca una garanzia in caso di insolvenza di pagamento. Se quindi, come ipoteca, dovessimo fornire ad esempio la nostra casa, essa sarà la prima cosa che andrà al creditore nel caso in cui non riuscissimo a pagargli i nostri debiti. Essa può essere applicata, come si è detto, solo ai beni immobili. In caso di insolvenza, il bene immobile ipotecato cambierà quindi possessore.

Con **pegno**, invece, si intende il medesimo principio dell'ipoteca, ma applicato non a beni immobili, bensì a beni

1. https://www.visureitalia.com/smartfocus/differenza-tra-ipoteca-volontaria-e-giudiziale/

2. https://www.visureitalia.com/smartfocus/diritti-reali-di-garanzia-scarica-schemi-pdf/

mobili. È quindi possibile donare al creditore, ad esempio, un orologio, che egli terrà con sé in caso di insolvenza, e ci restituirà invece in caso di estinzione del nostro debito nei suoi confronti.

Una volta chiariti questi fondamentali concetti di base, è possibile approcciarsi ad una maggiore e più esaustiva spiegazione di cosa sia un bilancio e degli elementi dai quali esso è composto.

Il **bilancio d'esercizio** viene redatto alla fine dell'anno appena trascorso, quindi tra dicembre e gennaio dell'anno successivo. Esso fa ovviamente riferimento all'andamento dell'esercizio (della nostra impresa quindi) nel corso dell'anno che si è concluso. Il bilancio d'esercizio non è un documento a sé stante, bensì un insieme di diversi documenti. Esso è composto da due tavole di sintesi fondamentali, che non possono assolutamente mancare in nessun bilancio propriamente detto. Si tratta del **conto economico** e dello **stato patrimoniale**. A fianco di questi due elementi fondanti e indispensabili, è poi possibile trovare una **nota integrativa** che spiega e motiva alcune delle scelte compiute dai dirigenti aziendali e alcuni dei dati presenti nello stato patrimoniale e/o nel conto economico. La nota integrativa può essere molto importante nel caso in cui si voglia investire oppure rilevare un'attività e si desidera conoscere di più sulle scelte compiute dai dirigenti.

- La **Tavola del Reddito** (o **Conto economico**): contiene valori che fanno riferimento all'attività economica dell'impresa. Rappresenta l'azienda dal punto di vista della sua capacità di generare reddito nel corso di un dato intervallo di tempo attraverso la contrapposizione di **costi** e **ricavi**. Il conto economico rappresenta l'azienda dal punto di vista, appunto, economico, e monitora l'abilità dell'impresa di generare profitto lungo un certo intervallo di tempo.

- La **Tavola del Capitale di funzionamento** (o **Stato patrimoniale**): contiene valori che consentono di monitorare l'impresa dal punto di vista patrimoniale/monetario. Anche questo documento è diviso in sezioni opposte, che elencano dalla parte delle attività le risorse che l'impresa possiede alla fine dell'esercizio, e nelle passività le fonti di finanziamento utilizzate per coprire il fabbisogno finanziario (chi ha messo, ad esempio, il capitale di inizio attività). Queste fonti di finanziamento sono formate o da **capitale di rischio** (i mezzi propri: se il capitale iniziale è stato fornito dai soci che compongono l'azienda) o da **capitale di prestito** (i mezzi di terzi: se il capitale iniziale è stato fornito da fonti esterne come una banca, tramite un prestito). Lo stato patrimoniale rappresenta l'azienda dal punto di vista patrimoniale, e verifica periodicamente la consistenza ed il mix di risorse disponibili. Permette inoltre di accertare la capacità dell'azienda in termini monetari, e di stabilire se l'impresa, in qualunque momento, sia in grado di far fronte ai suoi impegni nei confronti dei fornitori: ne monitora, quindi, la liquidità ovvero la disponibilità immediata di denaro liquido.

È importante ricordare che le imprese sono legalmente obbligate ad emettere un bilancio d'esercizio una volta all'anno. La ricchezza generata dall'azienda, come accennato precedentemente, è oggetto di tassazione; il bilancio d'esercizio è infatti il documento che consente di stabilire la quota che ogni anno l'impresa è costretta a versare come **imposta sul reddito**. Inoltre, ogni operazione nel conto economico o nello stato patrimoniale può causare un impatto sulla tavola del reddito e una sullo stato patrimoniale oppure un *doppio impatto*.

Le convenzioni che vengono usate nella stesura di un bilancio d'esercizio

Nella stesura dei bilanci aziendali risulta fondamentale l'utilizzo di alcune **convenzioni** che rendono possibile anche a chi non ha stilato il bilancio in prima persona (ma si ritrova a consultarlo da esterno) di risalire alle decisioni da cui scaturiscono i dati inseriti nel bilancio. Se avessimo quindi intenzione di rilevare un'attività e fossimo interessati ad osservarne il bilancio prima di lanciarci in un investimento, cerchiamo di capire meglio in questo paragrafo i criteri di stesura del bilancio d'esercizio di un'azienda. I principi di fondo sono tre: **principio della certezza dei valori**, **principio di competenza**, e **principio di prudenza**.

- **Principio della certezza dei valori**: esso riguarda il *tipo* di operazioni rilevate. Questo principio stabilisce che il bilancio esamina solamente gli eventi generati da operazioni di *scambio*. Un bene viene quindi venduto in cambio di un ricavo espresso rigorosamente in *moneta*. In questo modo è possibile ottenere un'unica unità di misura per la raffigurazione di una grande diversità di eventi.

- **Principio di competenza**: è corretto affermare che un guadagno è di competenza se è stato ottenuto con costi sostenuti nel medesimo esercizio. È il caso ad esempio di un negozio di abbigliamento: i costi effettuati per l'allestimento della collezione primavera-estate che verrà venduta nell'anno successivo, vengono sostenuti l'anno precedente. Questi costi però non sono di competenza di quell'esercizio e vanno quindi rimandati all'esercizio dell'anno seguente.
- **Principio di prudenza**: è auspicabile rinviare al bilancio successivo il costo, piuttosto che anticipare il ricavo. Secondo il principio di prudenza, infatti, solo le spese sono sicure, mentre i guadagni sono dubbi.

Come si vedrà più avanti nel dettaglio, il procedimento di realizzazione di un bilancio segue diverse fasi:

- Rilevamento di tutte le operazioni che rientreranno nel conto economico.
- Raccolta dei dati certi e inserimento degli stessi all'interno di stato patrimoniale e conto economico.
- Immissione dei dati ipotizzati.

- Conteggio delle tasse imponibili all'utile.
- Misurazione del profitto o della perdita.
- Inserimento del valore ottenuto all'interno del passivo dello stato patrimoniale.

La creazione del conto economico

Nel corso della creazione del conto economico, le diverse voci che compongono questo documento vengono proposte in forma scalare – ovvero, procedendo dall'alto verso il basso, dai ricavi di vendita all'utile di esercizio – isolando alcuni elementi fondamentali. Questi elementi sono:

- La **gestione caratteristica**: essa è relativa all'attività specifica dell'impresa. Questo tipo di gestione include i procedimenti di acquisto e di produzione, tutte le operazioni commerciali, di distribuzione e di promozione/vendita del bene che viene prodotto. A seconda delle caratteristiche particolari del settore a cui si riferisce l'impresa possono variare i tipi di operazioni che vengono valutate.
- La **gestione patrimoniale**: essa fa riferimento alle decisioni di investimento dei risparmi che vengono prodotti dall'impresa. Alcuni elementi che rientrano nella gestione patrimoniale sono ad esempio le decisioni che riguardano come viene gestita la liquidità in possesso dell'impresa.
- La **gestione finanziaria**: la gestione finanziaria presenta come tema la scelta dei modi più convenienti per poter coprire i fabbisogni finanziari dell'impresa. Si

troveranno all'interno di questa gestione, quindi, tutte le decisioni riguardanti la stima degli investimenti, la contrattazione dei prestiti, la conduzione delle scelte di valuta.

- La **gestione straordinaria**: questo tipo di gestione si definisce, appunto, straordinaria, dal momento che è relativa a tutte le operazioni che sono esterne alla gestione caratteristica dell'impresa. Gli elementi che fanno parte della gestione straordinaria sono quindi raramente prevedibili e si caratterizzano proprio per il fatto che esse non sono iterative (accadono dunque solo una volta ogni tanto).
- La **gestione tributaria**: questa gestione, infine, ha a che fare con la definizione ed il pagamento delle imposte e dei tributi che vanno applicati all'utile o perdita d'esercizio.

Il conto economico apparirà quindi, all'incirca, così:

1. Ricavi di vendita (anche comunemente noto come fatturato);

a cui va sottratto il costo del venduto;

la differenza ottenuta viene chiamata **reddito operativo della gestione caratteristica**.

1. Al reddito della gestione caratteristica va sommato il risultato della gestione patrimoniale;

da questa somma si ottiene il **reddito operativo**.

1. Al reddito operativo vanno sottratti i costi della gestione finanziaria;

in questo modo si ottiene il **reddito lordo di competenza**.

1. Al reddito lordo di competenza vanno sommati o eventualmente sottratti i redditi o le perdite provenienti dalla gestione straordinaria;

in questo modo si ottiene il **reddito ante imposte**.

1. al reddito ante imposte – o imponibile – vanno sottratte le tasse – anche chiamate oneri della gestione tributaria;

si ottiene così il **reddito netto** (che può essere, come detto, utile o perdita).

La creazione dello stato patrimoniale

L'obiettivo della creazione dello stato patrimoniale è quello di mettere a confronto il livello di equilibrio fra i valori dell'attivo (ovvero tutti i crediti che ci spettano) e i valori del passivo (i debiti che siamo tenuti a saldare). Questo procedimento consiste nella stesura delle voci dell'attivo tenendo conto di vari elementi. Innanzitutto, di tempi e costi di evoluzione delle attività dell'azienda in denaro liquido; successivamente, bisogna tenere presenti i tempi di restituzione delle risorse presenti nel passivo.

A differenza del conto economico (che appare come una sezione unica), i valori dello stato patrimoniale sono divisi in due colonne, sezioni contrapposte, una all'attivo e l'altra al passivo.

I valori dell'**attivo** vengono presentati seguendo il principio della *liquidità decrescente*: prima viene l'**attivo corrente** e poi l'**attivo fisso netto**. Il primo comprende: le risorse già disponibili in forma di liquidità, i titoli, i crediti, le rimanenze, i ratei e i risconti. Il secondo, invece, chiamato anche "attività fisse" o "attività immobilizzate", comprende tutte le risorse dalle quali è possibile ricavare liquidità solo sul lungo periodo, e per cui non vi è certezza alcuna. Si tratta ad esempio del caso della vendita di un immobile, di un marchio o brevetto.

I valori del **passivo** invece sono ordinati secondo il principio della *scadenza*. Con questo principio si intende il principio secondo il quale le voci del passivo vengono ordinate in base alla scadenza entro la quale l'impresa deve far fronte agli impegni che i valori del passivo rappresentano. Vengono quindi per primi i valori compresi sotto la voce di **passivo corrente**. Sono considerate passività correnti gli impegni a breve termine come quelli nei confronti delle banche, dei fornitori dell'erario, ratei e risconti passivi. Essi tipicamente scadono entro l'esercizio (quindi entro l'anno). Subito dopo il passivo corrente viene il **passivo consolidato**. Esso riguarda gli impegni a medio/lungo termine nei confronti di terzi (come i mutui, i dipendenti per cui l'azienda accantona periodicamente la cifra prevista per il Trattamento di Fine Rapporto o TFR, o altro). I valori del passivo consolidato hanno scadenze superiori che eccedono l'esercizio (e che quindi si trascinano per diversi anni e vanno presentati in più bilanci successivi). Infine, l'ultima categoria di valori del passivo da inserire nella sezione delle passività è quella del **capitale netto**. Esso indica i mezzi forniti dai conferenti di capitale. Il capitale netto comprende quindi il capitale sociale (messo a disposizione, appunto, dai soci che compongono l'azienda), le riserve, e l'utile o perdita d'esercizio.

Le due sezioni di attività e passività sono concluse rispettivamente dal **totale delle attività nette** e dal **totale delle passività e netto**. Il primo indica il valore totale dei beni aziendali, mentre il secondo segnala il valore complessivo dei debiti e delle passività. Il **netto**, infine, riporta la disponibilità netta totale dell'azienda.

Lo stato patrimoniale definitivo apparirà quindi più o meno in questo modo:

Attività

Liquidità immediate

Titoli di stato e azioni

Crediti verso i clienti

Ratei e risconti attivi

Rimanenze

Attivo corrente

Immobilizzazioni (di vario tipo)

Attivo fisso netto

Totale attività nette

Passività + netto

Debiti verso i fornitori

Debiti verso l'erario

Ratei e risconti passivi

Passivo corrente

Mutui

Altri debiti a medio e lungo termine

Fondo per trattamento di fine rapporto

Passivo consolidato

Capitale sociale

Riserve

Utile o perdita d'esercizio

Capitale netto

Totale passività e netto

La creazione dello stato patrimoniale secondo questi principi permette quindi di paragonare la struttura dell'attivo e del passivo e permette di emettere tre giudizi essenziali, di tre tipi diversi.

- La **flessibilità** dell'attivo: più è alto l'impatto dell'attivo fisso netto sul valore complessivo delle attività, più è alta è la rigidità dell'impresa. Infatti, in questo caso, si hanno più costi fissi e quindi aumenta la fragilità dell'impresa nel caso in cui la domanda dovesse mai ridursi.

- La **composizione** e la **struttura** del passivo nel senso di impatto dei mezzi non nostri sul complesso delle passività (più si ricorre al capitale di terzi, più aumenta il ricorso alla gestione finanziaria e di conseguenza il suo impatto sul reddito dell'impresa) e di composizione delle passività (più alto è l'indebitamento a breve termine, più l'impresa dovrà tenere fede agli impegni di pagamento più urgenti e quindi avrà difficoltà a raggiungere l'equilibrio di liquidità).
- Il **rapporto** tra fonti e impieghi: maggiore risultano il rapporto e la differenza tra le attività e le passività correnti, tanto più è probabile che l'impresa sia in grado di tenere fede agli impegni di pagamento nel prossimo futuro. Ciò è vero soprattutto nel caso in cui le attività correnti sono formate da molte liquidità immediate.

Ma torniamo al lato pratico della questione. Come possiamo fare, noi, da esterni (soprattutto se non siamo esperti), a capire se effettivamente ci troviamo davanti ad un'azienda sulla quale vale la pena investire? L'unico modo efficace sembrerebbe, giunti a questo punto, quello di recuperare i bilanci degli ultimi anni e di analizzarli per verificare coi propri occhi l'andamento del reddito netto aziendale. Esistono, in realtà, metodi anche più veloci elaborati dagli esperti e che risultano molto efficaci. Nonostante la consultazione del bilancio rimanga una tappa imprescindibile, non è detto che sia per forza necessaria una lettura completa e integrale di quest'ultimo; è infatti possibile estrapolare singoli dati e partire da essi per stabilire vari criteri di stabilità dell'impresa in questione. È così possibile calcolare quelli che vengono definiti gli **indici** o *quozienti di bilancio*. Essi sono indicatori di confronto con un alto valore di sintesi e di comunicabilità. Esistono diversi tipi di indici (si elencano qui solo i principali): indici di **liquidità**, indici di **solidità**, indici di **redditività**.

Gli indici di liquidità

Come dice la parola stessa, gli indici di liquidità consentono di valutare la disponibilità liquida dell'azienda, ovvero la sua capacità di tenere fede agli impegni di pagamento a **breve termine** (il passivo corrente). Esistono due indici di liquidità fondamentali:

- Il **quoziente di disponibilità**: è il rapporto fra attivo corrente e passivo corrente. Nel bilancio, all'interno dello stato patrimoniale, andranno quindi cercate queste due voci; in seguito, per ottenere questo quoziente, si dovrà dividere l'attivo corrente per il passivo corrente. Se il valore ottenuto è al di sotto di uno, significa che l'azienda dispone di poca liquidità per far fronte agli impegni già presi o che potrebbero capitare. Se il valore è troppo alto, il risultato opposto: l'impresa dispone di troppa liquidità che andrebbe quindi reinvestita. Un valore ottimale è di norma poco superiore ad uno.

- **Quoziente di liquidità**: è molto simile al quoziente di disponibilità appena visto, ma è molto più preciso, dal momento che non tiene conto delle rimanenze. Per ottenerlo è necessario sommare le liquidità immediate (la cassa) e le liquidità differite (i crediti) – valori che si trovano nella sezione dell'attivo corrente – e poi dividere il totale per il passivo corrente. Quoziente di disponibilità e di liquidità, in un'azienda stabile e produttiva, dovrebbe avere più o meno lo stesso valore. Una grande differenza fra questi due indici dovrebbe far pensare all'impresa di ridurre la quantità delle rimanenze (che assorbono, come si è visto, materie).

Gli indici di solidità

Questi indicatori misurano la capacità dell'impresa di far fronte agli impegni di pagamento che si estendono sul lungo periodo, a **lungo termine** quindi. Gli indici di solidità più importanti sono due:

- Il **rapporto di indebitamento**: si ottiene dividendo il valore dell'attivo netto per quello del capitale netto. Questo indice è un indice di solidità patrimoniale, dal momento che, come emerge dal nome stesso, è simbolo del livello di dipendenza da terzi finanziatori. Mostra cioè quanto l'impresa in questione sia autonoma nel mantenimento del capitale aziendale, e quanto invece esso sia stato fornito da terzi (da una banca ad esempio, con la quale dobbiamo poi indebitarci per restituire il prestito). Il risultato è intuibile: più un'impresa è indebitata, tanto maggiore è il livello di dipendenza verso chi fornisce il capitale. In condizioni di norma, è bene che i mezzi di terzi non siano più del doppio rispetto al proprio capitale. Sarebbe quindi opportuno il raggiungimento di una situazione di equilibrio in cui il 50% del capitale è fornito dai soci, e il 50% restante viene fornito da terzi. Un'impresa con un alto livello di indebitamento sarà necessariamente molto meno elastica e faticherà ad investire e a generare ricchezza.
- Il **grado di copertura delle immobilizzazioni**: si ottiene dividendo il capitale netto per le immobilizzazioni nette, e misura quanto gli immobili

posseduti dall'azienda siano coperti dal capitale dei soci. Infatti, un'impresa che presenta un attivo immobilizzato compreso nel capitale proprio, ha una più alta probabilità di conservare la liquidità su un lungo arco temporale. Se il risultato del rapporto fra il capitale netto e le immobilizzazioni nette è più grande di uno, significa che l'attivo immobilizzato è compreso nel capitale proprio e quindi ci sono più probabilità che venga preservata la liquidità per molto tempo ancora.

Gli indici di redditività

Gli indici di redditività sono probabilmente i più importanti fra tutti, dal momento che essi sono i veri indicatori di produttività aziendale. Essi sono fondamentalmente due: **RONA** e **ROE**.

- Il **RONA** calcola la **redditività operativa**. Con questo termine si intende l'abilità della gestione caratteristica di creare guadagno in base al tipo di investimento che è stato fatto. Questo indicatore viene anche essere chiamato **ROI**. Il ROI si ottiene dividendo il reddito operativo per l'attivo netto.
- Il **ROE**: si tratta del quoziente di bilancio fondamentale; esso esprime in massima sintesi i risultati dell'impresa. Il ROE è definito dividendo il reddito netto per il capitale netto. Questo indice misura l'efficacia dell'investimento compiuto da coloro che hanno dato di capitale, e viene messo a confronto con l'efficienza degli altri investimenti possibili. Riflette quindi la percentuale di guadagno dei conferenti di

capitale e permette quindi di capire se nel periodo esaminato sia stato raggiunto o meno l'equilibrio del reddito. Permette poi di stabilire la desiderabilità di un eventuale investimento nell'impresa. La presenza di un ROE dai valori elevati fa sì che l'impresa risulti invitante sul mercato dei capitali, ed è indicatore di buona salute e di gestione corretta, oltre che di successo.

CAPITOLO 5

Il vantaggio competitivo e come ottenerlo

Come si è visto nel capitolo precedente, il sistema di offerta delle imprese è la risposta ai *fattori critici di successo* presenti su un sistema di mercato. Per realizzare il sistema di offerta, però, l'impresa va incontro a diversi investimenti e svariati costi. Più l'azienda si dimostra in grado di fornire una risposta efficace ai key success factors, tanto più è in grado di accumulare **vantaggio competitivo** rispetto ai suoi competitors, e i costi sostenuti in precedenza sono così coperti da altrettanti guadagni. Un vantaggio competitivo si riferisce agli elementi dell'azienda che creano valore aggiunto e differenziano l'offerta da quella dei concorrenti agli occhi dei clienti. Questo insieme di prodotti o servizi vengono percepiti come superiori e differenti dal segmento di mercato a cui si riferiscono, rispetto a quelli dei concorrenti. Per ottenere ciò occorre che l'azienda investa in un set di *competenze distintive* necessarie per sostenere la specificità del prodotto offerto. L'apprezzamento da parte degli utenti degli sforzi compiuti dall'impresa porta all'irrobustimento delle competenze distintive e ad una più marcata differenziazione rispetto alla concorrenza. Il vantaggio competitivo può essere conseguito mettendo in atto tre diverse strategie. Esistono infatti tre modi per raggiungere il vantaggio competitivo: di **costo**, di **differenziazione**, di **nicchia**.

- Un vantaggio competitivo è definito **di costo** se è

possibile realizzare dei guadagni più elevati sostenendo meno spese possibili. Questa modalità ha come scopo la massima riduzione dei costi aziendali, ma non necessariamente ciò coincide con una riduzione del prezzo di vendita. Va detto però che, generalmente, i prezzi di mercato dei prodotti delle imprese di questo tipo sono in media più bassi rispetto a quelli della concorrenza. Il rischio di questo tipo di strategia è quello di essere percepiti come un'azienda eccessivamente economica e quindi di scarso prestigio e qualità, e non come un'impresa performante con un buon rapporto qualità/prezzo.

- Un vantaggio competitivo è invece **di differenziazione** se l'azienda fornisce un bene o servizio di valore superiore o in qualche modo caratterizzato e diverso rispetto a quello dei concorrenti. In questo modo il marchio viene percepito come l'unico in grado di soddisfare un determinato tipo di bisogno, e viene considerato superiore rispetto agli altri brand presenti sul mercato. Ciò permette di rafforzare il valore del marchio[1]. Il cliente è così disposto a pagare un prezzo un po' più alto rispetto all'usuale. Verranno quindi utilizzati canali di vendita dedicati a specifici segmenti di mercato, campagne di promozione e comunicazione finalizzate a rafforzare l'immagine dell'impresa e a creare un brand forte e facilmente riconoscibile. Il rischio di questa strategia è che il cliente non sia

1. https://debitoor.it/blog/valore-del-marchio-e-reputazione-la-tua-azienda-agli-occhi-degli-altri

disposto a riconoscere il prestigio del marchio e che si rifiuti quindi di pagare un prezzo più alto per il bene o servizio offerto. L'impresa, in questo caso, andrebbe in perdita dal momento che non riuscirebbe a recuperare gli investimenti con il denaro fornito dai consumatori al momento dell'acquisto.

- Un vantaggio competitivo è infine definito **di nicchia** se l'azienda mira a soddisfare i bisogni di uno specifico e limitato segmento del mercato. Sono soprattutto le imprese di piccole dimensioni a scegliere questo tipo di strategia, dal momento che esse hanno le capacità e la possibilità per rispondere in modo efficace ai key success factors di fasce di utenti considerate troppo piccole dalle grandi aziende. Il rischio di questo tipo di strategia è che, se i concorrenti crescono fortemente e l'impresa in oggetto no, essa può trovarsi "buttata fuori" dal mercato. Inoltre, l'azienda che opta per la strategia di nicchia può anche non essere in grado di approfittare delle opportunità di crescita, a causa dell'assenza dei mezzi adatti.

CAPITOLO 6

I concetti base della finanza e delle logiche di investimento

Questo capitolo è dedicato ad elencare e spiegare velocemente, prima di passare ai mercati azionari, i concetti basilari della finanza, necessari per comprendere i concetti che verranno esposti nel capitolo successivo. Le aziende non sono solamente soggetti economici che producono beni e servizi: esse hanno un ruolo fondamentale anche nelle dinamiche finanziarie. Si può dire, semplificando molto, che l'economia costituisce la base, la "pratica" su cui si applica la finanza costituita da un approccio molto più "teorico" e astratto. Chiariamo prima di tutto che l'oggetto di studio della finanza sono i mezzi attraverso cui avvengono gli scambi di flussi di denaro tra individui, imprese e Stati. Le singole finanze generano quindi mercati veri e propri, sui quali tali strumenti finanziari sono negoziati, con lo scopo di trasferire le risorse economiche dagli individui in surplus (che ne hanno di più) a quelli in deficit (che ne hanno di meno).

Azioni e società

Come si è accennato nel capitolo precedente, esse sono innanzitutto le single parti che vanno a comporre il capitale di una società per azioni. Il proprietario di un'azione possiede quindi un piccolo pezzo della società, al quale vanno applicati non sono i diritti (e i guadagni) ma anche gli oneri (le tasse). Un'azione può essere **quotata** oppure **non quotata.** Ciò significa che le azioni possono essere o meno quotate in borsa. Le azioni quotate sono la diretta manifestazione delle **società** di capitali **quotate** in borsa. In questo caso, lo sviluppo economico di una società per azioni aumenta in base all'utilizzo delle azioni sui mercati regolamentati. Un'azione quotata è quindi l'investimento di soldi in borsa, con il fine di incrementare il capitale finale della società. Nelle società quotate, chiunque può decidere di investire denaro nelle azioni; i ricavi finali per l'investitore dipenderanno anche dall'andamento del mercato e non soltanto dalla società stessa. Le **società non quotate**, al contrario di quelle appena descritte, i soci possono scegliere se accettare o meno l'investimento di eventuali terzi. Per quanto concerne i ricavi per chi decide di investire in una società non quotata, la differenza fondamentale sta nel fatto che il guadagno dipenderà quasi esclusivamente dall'andamento della società. Sono le società quotate a formare quelli che vengono chiamati **mercati azionari**. Le azioni fungono infine anche come **titolo di credito**, cioè come strumenti che, mediante il solo documento cartaceo, incorporano un diritto del proprietario dell'azienda e ne rendono più semplice la condivisione con altri soggetti. L'azionista, quindi, partecipa all'andamento economico della stessa azienda, e ne sopporta sia i vantaggi che, come si è detto poco sopra, anche i rischi eventuali in caso di perdite. Sia i rischi che i guadagni non sono però valori assoluti, ma limitati al valore della singola azione in possesso dell'azionista. Risulta interessante, in ultima analisi, soffermarsi velocemente sui principali tipi di azioni:

- Azioni di **risparmio**: chi le possiede non ha il diritto di votare nelle assemblee aziendali, ma può comunque ricevere la sua parte di guadagno economico dalle entrate dell'impresa.

- Azioni **privilegiate**: chi le possiede può ricevere guadagni economici e ha diritto di voto limitato alle sole assemblee straordinarie.
- Azioni a **voto plurimo**: azioni valide solo per le società non quotate, chi le possiede ha diritto a voto plurimo.
- Azioni a **voto maggiorato**: ogni azionista di una società quotata può votare per un massimo di due volte. Si applica ad ogni singola azione posseduta da un azionista e si estende in maniera continuativa, per almeno due anni.

Le obbligazioni

Chi acquista un'obbligazione versa denaro a chi la emette, che lo usa per autofinanziarsi ed è costretto poi a restituirlo alla scadenza, dietro pagamento di un interesse. I vocaboli principali coinvolti nella vendita e nell'acquisto delle obbligazioni sono vari:

- **Emittente**: il soggetto che versa l'obbligazione e che beneficia del denaro che gli viene progressivamente dall'investimento effettuato. Si tratta solitamente di uno Stato, di una società privata, di una banca etc. dalla sua solidità economica dipende la restituzione del denaro.
- **Scadenza**: detta anche termine di prestito obbligazionario, indica la data massima entro la quale l'emittente dovrà restituire il denaro ricevuto in prestito, compreso di interesse. Ogni obbligazione può

essere a breve, medio e lungo termine.

- **Interesse**: in parole povere, si tratta del prezzo che l'investitore pretende in cambio del prestito del proprio denaro.
- **Rendimento**: se il titolo viene rivenduto ad un prezzo superiore rispetto a quello dell'acquisto, si parla di rendimento. Si parla invece di perdita se il titolo è rivenduto ad un prezzo inferiore rispetto a quello al quale è stato acquistato.

Le obbligazioni possono essere di due grandi categorie: **ordinarie** e **strutturate**. Le prime si dividono in obbligazioni a **tasso fisso** e **variabile**. Le prime forniscono a colui che investe interessi dal valore assoluto e determinato in precedenza. Le seconde, invece, offrono un tipo di interesse all'investitore di natura opposta, cioè relativo e variabile, in relazione all'andamento del mercato. Chiaramente la seconda tipologia di obbligazioni costituisce quella più sicura per entrambe le parti. Le obbligazioni **strutturate** sono invece composte da due parti: la **componente ordinaria** che assicura la restituzione del valore nominale del titolo, e il **contratto derivato**, che regola il compenso di chi investe in base alle regole del mercato e al suo andamento reale. Avventurarsi nel mondo delle obbligazioni e decidere di acquistarne una o più, comporta però alcuni **rischi**, che possono essere divisi in diverse tipologie. Il rischio di **interesse** o di **inflazione** riguarda la possibilità che il titolo venduto diminuisca e che quindi il nostro guadagno sia inferiore rispetto al prezzo pagato. Il rischio di **credito** è invece legato alla possibile eventualità che colui al quale abbiamo prestato il denaro non sia più in grado di ridarcelo indietro. Vi è poi il rischio di **liquidità** secondo il quale chi vende obbligazioni rischia di non riuscire a venderle tutte prima della scadenza. Infine vi è il rischio di **cambio**; esso si corre quando si investe in titoli denominati in valuta diversa da quella domestica. È quindi legato al cambiamento del rapporto di cambio tra le due valute.

Le obbligazioni possono essere acquistate sia sul mercato primario che su quello secondario. Nel primo caso esse vengono comprate subito dopo la loro diretta emissione, mentre nel secondo caso esse vengono comprate dalla borsa, in un secondo momento, successivamente al loro primo acquisto. Il mercato secondario è quindi composto da coloro che dopo aver comprato un'obbligazione e non essere riusciti a venderla, decidono di rivenderla a terzi poco prima della scadenza.

Titoli di stato

Tra le varie tipologie di obbligazioni è opportuno ricordare i titoli di stato. Essi sono infatti obbligazioni emesse, appunto, dallo Stato (è più opportuno e preciso dire, in realtà, che esse sono emesse dal Ministero dell'Economia e delle Finanze). Dal momento che lo Stato è responsabile di tantissimi servizi di cui i cittadini usufruiscono quotidianamente, esse deve trovare il modo di finanziarsi. E le tasse, da sole, non basterebbero a coprire tutte le spese di cui lo Stato italiano si fa carico ogni giorno. Lo Stato emette quindi le proprie obbligazioni per coprire tutti i debiti che effettua per mantenersi e per produrre i diversi servizi (scuole, trasporti, sanità, etc). I titoli di stato italiano si suddividono in diverse tipologie:

- **Buoni Ordinari del Tesoro** o **BOT**: della durata di tre, sei o dodici mesi. Essi sono privi di cedole (interessi) ed il rendimento è dato da quello che viene definito lo **scarto di emissione.** Lo scarto di emissione è costituito dalla differenza fra il prezzo a cui il titolo è stato emesso ed il rendimento che si ottiene alla scadenza del titolo stesso.

- **Btp Italia**: della durata di quattro, sei o otto anni. Le cedole o interessi annuali vengono in questo caso versate con scadenza semestrale.
- **Certificati di Credito del Tesoro** o **CCT**: la durata di questi titoli è di sette anni, e le cedole associate a questi titoli vanno pagate ogni sei mesi; si tratta di interessi a tasso variabile.
- **Certificati del Tesoro Zero Coupon** o **CTZ**: questi titoli durano fino ad un anno. Essi sono privi di cedole: l'intero rendimento dipende quindi solo dallo scarto di emissione.
- **Buoni del Tesoro Poliennali** o **BTP**: obbligazioni della durata di tre, cinque, dieci, quindici, trenta e cinquant'anni. In questo caso i tassi di interesse sono fissi e vanno resi ogni sei mesi.
- **Buoni del Tesoro Poliennali Indicizzati all'inflazione europea** o **BTP€i**: costituiti dalla durata di cinque anni o di dieci anni. Sia il capitale che gli interessi semestrali vanno periodicamente rivalutati in base al livello di inflazione europea.

I fondi comuni

Cosa sono i cosiddetti **fondi comuni**? Con questo termine si intendono gli strumenti di investimento, gestiti dalle **società di gestione del risparmio**. Queste società si occupano di riunire le somme, i risparmi, di diversi utenti e di reinvestirle (come se essi fossero un unico patrimonio) in svariate attività finanziarie (come ad esempio azioni, obbligazioni, titoli di stato, etc). I fondi comuni possono però anche essere investiti in beni immobili. I fondi comuni vengono divisi in tante parti uguali, denominate, appunto, **quote**. Le quote garantiscono diritti uguali per tutti gli investitori. I fondi comuni possono essere gestiti sia dalle già citate società di gestione del risparmio, che dalle **società di investimento a capitale variabile** (le cosiddette sicav) o a **capitale fisso** (dette quindi sicaf). I fondi comuni presentano diversi tipi di vantaggi e si suddividono in due categorie principali: fondi comuni **aperti** e fondi comuni **chiusi**.

- Fondi comuni **aperti**: sono i più diffusi in Italia. Il patrimonio totale dei fondi comuni aperti varia continuamente nel tempo a causa di due fattori principali. In primo luogo, gli investitori possono entrare ed uscire dal fondo a piacimento in qualsiasi momento. Più sono gli investitori presenti nel fondo, più il patrimonio di quest'ultimo aumenta, e viceversa. La continua entrata e uscita di investitori (e quindi di quote) dal fondo, genera quindi una continua variazione del capitale totale. Il secondo elemento che contribuisce alla variazione della quota che compone il fondo è la continua variabilità del prezzo degli strumenti finanziari in cui il patrimonio viene investito. Dal momento che, come si è detto, gli investitori possono in qualsiasi momento decidere di uscire dal fondo, riscattando la propria quota, è sempre opportuno all'interno dei fondi aperti mantenere un livello minimo di liquidità (e quindi una parte di capitale che non sia investita in nessuno strumento finanziario), in modo da poter far fronte in qualsiasi momento a questa eventualità.

- Fondi comuni **chiusi**: la differenza principale dei fondi comuni chiusi rispetto a quelli aperti è la possibilità limitata di sottoscrizione delle quote solo al momento in cui si entra a far parte del fondo. Inoltre, le quote possono essere riscattate solo alla fine della durata prevista del fondo (per legge, non può essere più di trent'anni); oppure vengono eventualmente fissate delle scadenze intermedie predeterminate.

Criptovalute

Comunemente note anche come "valute virtuali", si tratta di metodi di pagamento innovativi divenuti possibili grazie all'avvento delle nuove tecnologie. Esistono vari tipi di criptovalute, ma la più nota è il **bitcoin**. Il termine criptovaluta è composto da due termini: *cripto* e *valuta*. Si tratta quindi di un mezzo di pagamento "nascosto", accessibile e utilizzabile solo tramite la conoscenza di un determinato codice informatico. La caratteristica peculiare della criptovaluta è proprio il fatto di non esistere nella realtà, di non avere una consistenza fisica, ma solo virtuale.

Gli operatori finanziari

Sono vari e diversi gli operatori che occupano il panorama finanziario. Vi sono innanzitutto le **banche**. Oltre alla propria specifica attività, le banche offrono servizi indispensabili ai cittadini, come attività di investimento, e altri servizi accessori. Le banche possono essere italiane se la loro sede legale è in Italia, comunitarie se la loro sede legale è in uno stato comunitario, oppure extracomunitarie. Anche le banche comunitarie ed extracomunitarie possono svolgere la loro attività in Italia, tramite una succursale oppure erogando servizi a distanza direttamente dalla loro sede legale. Spetta alla Banca d'Italia e alla **Consob** (commissione nazionale per le società e la borsa) rilasciare l'autorizzazione alle banche non italiane per poter operare in Italia. Accanto alle banche, i principali operatori finanziari sono costituiti dalle già citate Società di Gestione del Risparmio, dalle Società di Investimento a Capitale Variabile e Fisso, dalle Imprese di Assicurazione, dalle Imprese di Investimento Comunitarie ed Extracomunitarie, dai Promotori Finanziari, e dai gestori di portali di Equity Crowdfunding.

Le **Società di gestione del risparmio** (sgr) sono gli unici soggetti (sotto autorizzazione della Banca Italiana, insieme alle **sicav** e alle **sicaf**) a cui è consentito svolgere l'attività di gestione collettiva del risparmio (ad esempio, come si è visto, ad essi è affidata la gestione di fondi comuni di investimento mobiliare). Le società di gestione del risparmio, però, a differenza di sicav e sicaf, possono anche prestare alcuni limitati servizi, come ad esempio la consulenza per determinati tipi di investimenti, o la gestione di portafogli. Le **imprese di investimento comunitarie** sono invece i soggetti finanziari che hanno sede legale in uno Stato comunitario (che non è l'Italia). A questi enti è riservato l'esercizio di servizi e di altre attività di investimento nei confronti del pubblico. La stessa cosa vale per le imprese di investimento **extracomunitarie**, con sede in uno stato, appunto extracomunitario. Il **promotore finanziario** non è un ente bensì una singola persona fisica che agisce come dipendente o agente di un intermediario (ad esempio una banca) e che ha come obiettivo quello di supportare il cliente nella scelta dei prodotti e dei servizi finanziari più adatti. Cosa diversa sono invece i **consulenti finanziari**: essi, oltre a fungere da rappresentanti di un intermediario nei confronti dei clienti, si occupano anche di informare e consigliare il pubblico sui principali servizi finanziari disponibili. Essi possono quindi anche lavorare (a differenza dei promotori finanziari) in maniera autonoma e indipendente, senza far capo a nessun intermediario. Per quanto riguarda infine le piattaforme di Crowdfunding, esse sono piattaforme telematiche di raccolta di denaro collettivo. Tramite queste piattaforme è possibile acquistare azioni o quote di società innovative in fase di start-up (ovvero al loro momento di esordio). A causa della loro importanza, questi portali sono gestiti e vigilati dalla già citata Consob.

I servizi di investimento

Si tratta dei servizi attraverso i quali gli operatori finanziari ci consentono di **impiegare i nostri risparmi** nei vari e diversi **strumenti finanziari** a nostra disposizione (come ad esempio azioni, obbligazioni, titoli di Stato, etc). i servizi di investimento consistono in (così come ordinati dalla legge): **negoziazione di ordini per conto dei clienti, negoziazione per se stessi, sistemi multilaterali di negoziazione, trasmissione e ricezione di ordini, sottoscrizione/collocamento, gestione di fondi**

comuni, consulenza per quanto riguarda i finanziamenti. I servizi di investimento possono essere forniti da: società di intermediazione mobiliari o sim, banche italiane o comunitarie, e infine le già note sgr.

Quali sono le carte da tenere presenti prima di lanciarsi in un investimento?

Per quanto riguarda i **fondi comuni**:

- Fondi comuni **aperti**: prima di investire in uno di essi bisogna sempre consultare è il *Key Investor Information Document* o KIID. Questo documento comprende quattro sezioni: gli scopi di investimento e la politica di investimento, la percentuale di rischio del rendimento, i diversi costi necessari, l'andamento del fondo nel corso degli anni precedenti. Leggendo questo documento si può quindi avere un'idea precisa di che tipo di fondo ci si trova davanti e se vale la pena investire il proprio denaro in esso.
- Fondi comuni **chiusi**: prima di investire in un fondo comune chiuso è necessario consultare il *prospetto* che i suoi gestori sono legalmente obbligati a presentare periodicamente a chi vuole entrare in uno di questi fondi. Questo documento contiene tutte le informazioni relative alle caratteristiche principali sia dei gestori che del fondo, e anche la percentuale di rischiosità del fondo stesso. Vi è poi la nota di sintesi. Questo documento rappresenta solo una parte del prospetto, e in essa sono elencate le informazioni

fondamentali riguardanti il fondo. Dal momento che la nota di sintesi deve essere comprensibile a chiunque, essa è scritta in linguaggio formale ma non tecnico, così da risultare accessibile anche a chi non possiede conoscenze specifiche del settore. Una copia di questo documento (il prospetto totale) viene fornita in maniera gratuita a chi ne fa richiesta, oppure è liberamente consultabile talvolta sul sito dell'emittente.

- **Valori immobiliari**: per quanto riguarda l'investimento in valori immobiliari, il discorso è uguale identico a quello appena fatto per i fondi comuni chiusi.
- **Prodotti finanziari assicurativi**: per poter investire in questi prodotti è necessario consegnare al potenziale investitore obbligatoriamente (ed in maniera totalmente gratuita, anche tramite sito web) due documenti: la *scheda sintetica* e le *condizioni di contratto*. Per chi fosse interessato a maggiori informazioni è possibile consultare il *prospetto informativo* e i *regolamenti di gestione* del fondo.

I mercati finanziari

Essi sono i luoghi non fisici dove è possibile acquistare e vendere tutti i diversi tipi di strumenti finanziari che sono stati visti fin qui. Il mercato **primario** è il luogo virtuale in cui i titoli vengono acquistati al momento stesso in cui vengono rilasciati. Come si è accennato sopra, invece, i mercati **secondari** sono costituiti dalla compravendita di titoli già acquistati e secondariamente rivenduti a terze parti (solitamente poco prima della loro scadenza). Si tratta di vere e proprie piattaforme informatiche dove tutto avviene in maniera telematica. Esistono tre tipologie di mercati finanziari: i mercati regolamentati, i sistemi multilaterali di negoziazione, e gli internalizzatori sistematici.

- I **mercati regolamentati** sono mercati caratterizzati dalla presenza di precise regole riguardanti la gestione dell'organizzazione del mercato. Si tratta anche di mercati unici: lo stesso strumento finanziario immesso su uno di questi mercati regolamentati, non può essere acquistato o venduto in Borse diverse.
- I **sistemi multilaterali di negoziazione** o MTF, al contrario dei mercati regolamentati, prevedono invece (e proprio per questo motivo si chiamano multilaterali) che gli strumenti finanziari acquistabili e vendibili in Borse diverse. Come i mercati regolamentati, i sistemi multilaterali di negoziazione consentono l'incontro, sulla base di regole predefinite, proposte di acquisto e di vendita provenienti da una pluralità di operatori diversi.
- **Internalizzatori sistematici**: si tratta di intermediari (trattasi prevalentemente di banche) a cui è consentito il servizio di investimento e di negoziazione per proprio conto. Questi intermediari negoziano strumenti finanziari eseguendo gli ordini dei propri clienti. Questo sistema non è multilaterale bensì bilaterale, dal momento che gli intermediari non trattano con una moltitudine di compratori, ma con un solo compratore per volta. L'internalizzatore sistematico è quindi un mediatore che mette in comunicazione i venditori che

vogliono acquistare coi clienti che vogliono vendere.

Fanno parte dei mercati finanziari i già citati **mercati azionari**, nei quali gli oggetti di compravendita non sono gli strumenti finanziari ma le singole azioni o quote che compongono le aziende.

Il Trading Online

Si tratta, sostanzialmente, di una vera e propria attività commerciale di acquisto e di vendita (in inglese, infatti, il termine *trade* significa *commercio*). Chi si dedica al trading viene quindi identificato come *trader*, ovvero *commerciante.* Con questo termine però non ci si riferisce alla compravendita di qualsiasi oggetto, ma, nello specifico, al commercio di strumenti finanziari. Si tratta quindi implicitamente di trading finanziario, ed esso viene effettuato esclusivamente in Borsa. In passato, tutte le attività di trading avvenivano in presenza, presso le diverse Borse delle varie città. Dal 2000 circa in avanti, grazie all'avvento dei computer, non è però più necessario recarsi fisicamente in Borsa per poter fare Trading: la compravendita di strumenti finanziari e di azioni si è spostata online, ecco perché oggi si parla quasi esclusivamente di Trading Online. Sono almeno quattro le grandi tipologie di acquisti che è possibile effettuare tramite il trading online: **Valute**, **Materie prime**, **Azioni**, **Obbligazioni**.

Il mercato di valute o valutario è anche detto **Forex**. Su questo tipo di mercato si compra e si vende *denaro* vero e proprio. Ad esempio, si comprano dollari pagandoli in euro, o si comprano euro pagandoli in sterline. Ciò è utile ogni volta che per qualsiasi motivo si rende necessario trasferire denaro in un paese in cui è in uso una valuta diversa dal nostro stato di provenienza, o quando è necessario che lo stato paghi beni prodotti in un altro stato. Il tutto avviene spesso grazie alla mediazione delle banche. Gli scambi effettuati su Forex contribuiscono a fissare i tassi di cambio tra le diverse valute mondiali, ovvero i prezzi della merce che viene scambiata. È proprio su questi prezzi che ogni persona può effettuare operazioni di trading.

I mercati delle materie prime (anche dette **commodities**) servono per potersi scambiare tutti quei materiali che servono alle produzioni industriali per produrre i beni economici che quotidianamente utilizziamo. Ad esempio è qui che si scambiano grano, mais, cacao, petrolio, etc.

Azioni o **Equities**: come già anticipato, si tratta delle diverse parti di capitale che vengono fornite quando viene fondata un'azienda. Si può quindi decidere di comprare o vendere azioni, come si è detto, e quindi di investire in una certa azienda. Se essa produrrà reddito, anche noi guadagneremo la nostra parte. Al contrario, se l'azienda della quale abbiamo acquistato una o più azioni fallisce o chiude in perdita, anche noi saremo costretti a rimetterci economicamente. È possibile non solo acquistare azioni, ma anche gruppi di azioni. Esistono quindi quelli che vengono chiamati **indici** azionari: il prezzo dell'indice viene calcolato sulla base del valore delle azioni che lo compongono. A prescindere quindi dal comportamento di una singola azione, tutte le decisioni prese all'interno di un mercato azionario si basano sull'andamento generale dell'indice. Inoltre gli indici risultano utili anche per capire se la Borsa di un paese va bene o va male. L'indice che riferisce l'andamento della Borsa italiana è il

FTSE MIB, ovvero una raccolta di azioni delle quaranta aziende col fatturato più alto.

Obbligazioni: se ne è abbondantemente parlato in precedenza. Come è stato detto, il mercato obbligazionario è il mercato che esprime i tassi di interesse applicati ai prestiti che vengono fatti sia a società private che allo stato. È proprio il tasso di interesse a determinare il valore delle obbligazioni nel corso della loro compravendita.

Come è possibile, però, guadagnare effettivamente con il Trading? In breve, il guadagno avviene quando si compra a prezzo basso e si vende ad un prezzo più alto. Quando la Borsa scende, quindi, si perdono sempre i propri soldi? Ovvero, se compro ad un prezzo più alto di quello a cui rivendo, ciò significa necessariamente che sto andando in perdita? Questa affermazione, corretta in linea teorica, non è sempre vera nella pratica. Non è infatti obbligatorio prima comprare e poi vendere, si può fare anche al contrario: si può, ad esempio, vendere qualcosa a qualcuno ad un prezzo alto e poi ricomprarlo ad un prezzo più basso. Questo meccanismo viene chiamato "vendita allo scoperto".

Un'altra figura fondamentale, soprattutto nell'ambito della vendita allo scoperto o short selling (che consiste sostanzialmente nel vendere qualcosa che non si possiede per ricomprarla subito dopo ad un prezzo più basso) è quella del **broker**. Si tratta dell'intermediario finanziario di cui si ha bisogno se ci si vuole affiancare al trading.

Esistono alcune regole di base se ci si vuole avvicinare al trading online:

- **Aggiornamento** costante relativamente al mondo e alle novità appartenenti alla finanza. Bisogna infatti essere sempre aggiornati sui mercati finanziari per poter fare trading in maniera efficace. Ciò infatti consente di capire quali sono le aziende e le azioni sulle quali vale la pena investire. Per questo motivo è importante, ad esempio, seguire le più importanti riviste finanziarie e i principali blog o quotidiani online a tema finanza: questi sono solo alcuni dei modi in cui l'eventuale investitore può tenersi aggiornato su ciò che succede nel mondo della finanza.
- Organizzare una **strategia operativa**: per fare in modo di attutire il più possibile gli eventuali rischi economici legati a questa disciplina, è essenziale elaborare un piano o strategia alla quale attenersi il più fedelmente possibile. Una strategia efficace può ad esempio essere quella che prevede di comprare e vendere nei momenti più strategici offerti dal mercato così da avere meno perdite possibili di liquidità. Esistono poi diversi servizi offerti dalle piattaforme di trading online. Vi è ad esempio lo *stop-loss*: si tratta di uno strumento che, automaticamente, interrompe le operazioni di trading nel momento in cui le perdite raggiungono una cifra già stabilita in precedenza. È anche possibile, quindi, allo stesso modo, impostare una soglia massima di ricavi, con il comando *take profit*. A cosa serve uno strumento

del genere? Esiste davvero un limite al guadagno? Esso è in realtà più utile di quanto si possa pensare, dal momento che viene abbondantemente utilizzato per prevenire una subitanea ed improvvisa inversione del valore delle azioni o dei beni acquistati. Una buona strategia operativa è quindi essenziale per determinare il successo o meno di chi decide di lanciarsi nella disciplina del trading. Soprattutto agli inizi è importante ricordare che non ci si deve scoraggiare se le cose non vanno fin da subito come ci si sarebbe aspettati: cambiare strategia in continuazione non va affatto bene per gli affari futuri, in quanto si tratta di una disciplina che richiede pazienza, tranquillità e costanza.

- Gestire le proprie **emozioni** è importantissimo per la riuscita ed il successo nel mondo della finanza e del trading online. Anche la componente psicologica infatti è un elemento che non va assolutamente sminuito né sottovalutato. Anche gli esperti sono costantemente messi sotto pressione dalle oscillazioni continue del sistema finanziario, e vivono in uno stato di costante agitazione ed incertezza: per questo è molto importante mantenere la calma, la tranquillità e soprattutto la pazienza. Gestire le proprie emozioni in maniera efficace serve anche a ricordarsi sempre che la borsa non è un gioco d'azzardo: tutte le azioni del potenziale investitore, anche se sembra il contrario, devono essere prese ponderando attentamente rischi, pericoli e vantaggi, secondo una strategia continuativa nel tempo e durevole. Inoltre, come già si è detto, ogni scelta andrà compiuta tenendo bene a mente tutti i dati che quotidianamente emergono dalle analisi di mercato e dai calcoli della borsa.

Consigli pratici

È fondamentale ricordare che prima di iniziare il proprio percorso di trading online è necessario aprire un conto con uno dei vari broker regolamentati presenti sul mercato. Alcuni dei i broker più usati sono ad esempio ForexTB, eToro, Plus500, etc. Ci sono alcuni requisiti di base che una piattaforma regolamentata di trading online deve avere, per risultare efficace. In primo luogo deve appunto essere regolamentata: ciò vuol dire che la piattaforma che ci offre il servizio deve essere stata riconosciuta da organi di controllo ufficiali come CySec ed il già citato Consob. Il secondo requisito fondamentale è l'interfaccia del broker online: le operazioni di investimento devono infatti essere sempre gestibili attraverso pochi e semplici click. Le uniche cose su cui l'utente deve concentrarsi sono l'andamento del mercato e le scelte relative ad esso, non deve essere distratto dalla complessità del sito. Molto importante in questo senso è anche l'aspetto del supporto: gli operatori collegati alle piattaforme regolamentate dedicate al trading online devono essere sempre disponibili all'assistenza nei confronti del cliente, per chiarire qualsiasi dubbio degli utenti. La formazione è poi fondamentale: il broker online ha l'obbligo di fornire al cliente anche una formazione completa su tutti i livelli. Un broker ottimo è quello che offre corsi di apprendimento continui e gratuiti presenti sulla piattaforma stessa, anche tramite download di pdf e test online di verifica. Ultimo ma non per importanza, va assolutamente citato il conto demo: esso consente, oltre al conto vero e proprio, di testare le proprie teorie e le proprie competenze acquisite in maniera del tutto sicura e innocua. Grazie al conto demo è possibile infatti avere a disposizione un conto "di prova" sul quale condurre i propri esperimenti.

Altra cosa molto importante quando si ha a che fare col trading online sono i **contratti per differenza** o cfd: si tratta di trading online a breve termine che può però rivelarsi molto proficuo e profittevole, necessariamente gestito da una piattaforma online – il solito broker – che stabilisce i termini di contratto, i tassi di margine, quali sono gli strumenti finanziari più adatti. Fare trading online con queste modalità consente di guadagnare tramite i rialzi e i ribassi e di aumentare i profitti attraverso la leva finanziaria. Tutto ciò in realtà costituisce un rischio, dal momento che in questo modo è anche possibile aumentare le perdite. Tramite i cfd tuttavia non è possibile avere accesso ai dividendi delle aziende. Per chi punta a fare trading online da casa è altamente sconsigliato farlo utilizzando contratti per differenza a lungo periodo. Il trading online tramite contratti per differenza è anche detto trading sui derivati, e si contrappone a quello per azioni.

È necessario specificare che, nei **rischi** relativi al trading, vanno comprese tre tipologie di rischio diverse: i rischi relativi alla piattaforma di trading, i rischi relativi alla persona che fa trading, e infine i rischi relativi ai mercati finanziari. Per quanto riguarda i rischi relativi alla piattaforma di trading, essi sono facilmente controllabili se, come si è detto sopra, si utilizza un broker regolamentato dalla CySec e dalla Consob. È saggio, se si vogliono evitare rischi di truffe, evitare categoricamente i broker online che offrono premi e bonus ai nuovi abbonati: essi sono infatti vietati dalla MIFID. Inoltre, è buona norma controllare sempre, sul sito della CySec o della Consob, il numero di regolamentazione del broker (per fare in modo che esso esista veramente e non sia fasullo). Per quanto riguarda invece i rischi della seconda tipologia, ovvero quelli connessi alla persona che decide di fare trading, essi sono fortemente connessi con la psicologia umana. Qua ritorna la già citata importanza della strategia: grazie ad essa bisogna riuscire, o almeno provare, ad annientare totalmente le proprie emozioni. Accade spesso infatti che l'ansia ci faccia chiudere un affare troppo in anticipo perché lo si vede andare male (in ribasso), o al contrario, se lo si vede salire, lo si chiude troppo tardi con la speranza di guadagnare sempre di più. Bisogna quindi rimanere sempre lucidi e presenti a se stessi. Infine, è da tenere conto che, effettuando trading online dalla propria abitazione, esistono molteplici possibili distrazioni: bisogna imparare a rimanere concentrati su ciò che si sta facendo senza lasciarsi distrarre dagli stimoli esterni mentre si sta aprendo una posizione di trading. Se controllare i rischi riguardanti la piattaforma e la propria psicologia possono risultare più semplici da gestire, la situazione si fa più complessa quando si ha a che fare coi rischi legati ai mercati finanziari. Questi rischi infatti non possono essere completamente eliminati, ma possono solo essere ridotti. Come? Prevalentemente grazie all'utilizzo di tecniche e strumenti che servono a prevedere con una probabilità più alta possibile l'andamento del grafico del mercato.

Segnali di trading online: cosa sono? Le persone che decidono di dedicarsi al trading online, e che hanno appena iniziato, spesso vanno alla ricerca di segnali di trading online. Cosa sono questi segnali? Si tratta di messaggi che il fornitore invia ai compratori sia via chat privata sia via mail, per indicare loro quali sono le principali possibilità di investimento da cui potrebbero, con grande probabilità, generare un proficuo profitto. In poche parole, ciò che viene inviato al trader è un prospetto generale sulla situazione del mercato finanziario, senza che il trader debba cercarselo da solo (se si tratta di un principiante egli farà infatti fatica a reperire, inizialmente, le corrette informazioni: per questo molti principianti del trading si affidano ai segnali online). È importante ricordare, però, che spetta sempre al trader la responsabilità finale dell'investimento. Il servizio di segnali di trading è un semplice servizio di notifiche di come si stanno evolvendo e potrebbero evolversi i mercati finanziari e non. Va ricordato quindi che anche coloro che emettono i segnali potrebbero sbagliarsi, dal momento che il mercato (finanziario e non), come si è detto, è altamente imprevedibile. I segnali di trading online possono essere offerti sia gratis che a pagamento, anche se tutti i migliori broker online (come ad esempio ForexTB) inviano segnali di altissima qualità in maniera completamente gratuita. È bene diffidare quindi di canali poco conosciuti che chiedono un pagamento per inviare i segnali: potremmo trovarci di fronte ad una truffa. Fra i segnali più affidabili vi sono ad esempio quelli di Investous, piattaforma che offre la possibilità di essere seguiti da un account manager che, nel corso di una telefonata, ci spiegherà come funziona tutta la procedura.

Come distinguere quindi il vero trading online dalle moltissime **truffe** che girano al giorno d'oggi su internet? Ormai sono tantissimi coloro che hanno compreso quanto siano alti i guadagni realizzabili grazie al trading, e che si appropriano indebitamente di questo termine solo perché la disciplina risulta particolarmente profittevole. Le truffe presenti sul web convincono gli utenti ad investire grosse somme di denaro in programmi di trading fasulli, per poi intascarsi il capitale dell'investitore e sparire nel nulla. Come distinguere le società intermediarie serie da quelle false, che puntano a truffare l'utente? Per prima cosa, si deve assolutamente dubitare di tutte quelle pubblicità (che compaiono, ad oggi, praticamente ovunque, soprattutto sui social e sui siti di dubbia autenticità) che promettono di farci guadagnare migliaia e migliaia di euro in una sola settimana, o, in generale, in un periodo di tempo breve e limitato. Queste pubblicità sono sicuramente delle truffe: il vero trading, infatti, come si è visto nelle pagine precedenti, è fatto di studio, impegno, e sudore, e sicuramente alte somme non possono essere raggiunte in così poco tempo e con così poco impegno. Tutti i broker regolamentati, inoltre, dalla normativa MIFID, vengono tenuti sotto stretto controllo tutti i giorni dagli organi di controllo Consob e CySec. Quindi risulta veramente impossibile per questi broker commettere vere truffe o pratiche illegali. La pena prevista per questi reati è la sospensione immediata della licenza senza possibilità di revoca.

Grazie alle piattaforme di trading online è possibile attivare un'ulteriore funzione che può risultare molto utile in determinati casi. Si tratta del trading **automatico**. Il trading automatico deve essere inteso come un insieme di istruzioni che vengono date alla piattaforma regolamentata, in modo tale che essa possa compiere le operazioni che le vengono richieste. Per comprendere meglio questo concetto, è possibile fare qualche esempio di trading automatico, ovvero di "istruzioni" che è possibile dare alla piattaforma. Abbiamo già parlato di stop loss (operazione impostata in modo tale che la piattaforma si chiude automaticamente qualora l'investimento dovesse raggiungere un determinato livello di perdita) e di take profit (impostato in modo che se l'investimento dovesse raggiungere un valore troppo alto di guadagno, la piattaforma si chiude in maniera automatica). Vediamo ora quali sono gli altri comandi automatici che è possibile dare alle piattaforme di trading. Innanzitutto, stop loss e take profit possono essere utilizzati contemporaneamente: il broker chiuderà così l'operazione nel momento in cui la quota guadagnata raggiungerà un livello troppo basso e troppo alto, secondo valori predefiniti: il guadagno rimarrà così nel mezzo tra due valori. Vi è poi il comando del preordine: in questo caso, la piattaforma viene preimpostata per aprirsi alle operazioni di trading solo nel momento in cui il prezzo raggiunge un valore predeterminato. Il comando del preordine può inoltre essere associato a quelli già visti del stop loss e del take profit. Agendo in questa maniera, la piattaforma potrà aprire la posizione nel momento in cui il prezzo toccherà una determinata quota (rifacendosi quindi al comando del preordine), e da quel momento entreranno in vigore i comandi dello stop loss e del take profit. Così, la piattaforma, grazie al trading automatico, sarà libera di aprire e chiudere la posizione in maniera del tutto indipendente, predefinita e, appunto, automatica. Esistono molti altri comandi e combinazioni di comandi che possono essere utilizzati, ma che, essendo decisamente più complessi, è possibile reperire direttamente sulla piattaforma di trading scelta, dove sicuramente si troveranno anche informazioni e video tutorial più approfonditi e accurati. Alcuni comandi possono essere, ad esempio, il buy limit accompagnato dal sell limit, il buy stop accostato al sell stop, lo stop operativo, il sell.

L'intento di questo manuale è stato quello di fornire un'infarinatura generale sulle principali tematiche dell'economia e della finanza che possono interessare coloro che vogliono lanciarsi nei mercati finanziari: sarà quindi responsabilità dei lettori mettere in pratica in modo corretto le basi che sono state qui esposte, ed informarsi nei corretti canali informativi che sono stati consigliati.

---

[1] Un servizio è diverso da un bene: entrambi svolgono la stessa funzione, ma i servizi sono prestazioni offerte da alcuni soggetti per soddisfare un bisogno altrui, e vanno utilizzati nel momento stesso in cui vengono offerti (ad esempio, il trasporto pubblico, i servizi sanitari, etc).

[2] Il conto economico e lo stato patrimoniale, come si vedrà più avanti, sono i due documenti principali e fondamentali che compongono il bilancio d'esercizio di un'azienda.

Don't miss out!

Visit the website below and you can sign up to receive emails whenever Thomas J. Taylor publishes a new book. There's no charge and no obligation.

https://books2read.com/r/B-A-FHVR-WGPGC

Did you love *Mercati Finanziari: Scopri Tutti i Segreti del Mercato. La guida Completa per Capire la Finanza, Sviluppare la tua Economia e Puntare ai Giusti Investimenti.*? Then you should read *Immobili: La guida agli investimenti immobiliari. Scopri Come Guadagnare con la Compravendita e gli Affitti. Sviluppa la tua Economia con il Marketing nel Real Estate e Crea la tua Rendita Passiva*[1] by Thomas J. Taylor!

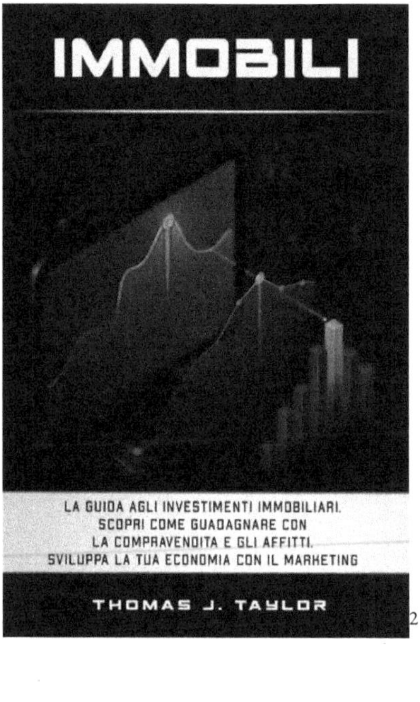

[2]

Scopri come fare investimenti immobiliari di successo ed aumentare il tuo capitale!

Come posso iniziare ad investire in immobili?Ti piacerebbe imparare una strategia business di successo per l'investimento

---

1. https://books2read.com/u/m0qAk7

2. https://books2read.com/u/m0qAk7

immobiliare?Come è possibile trasformare l'acquisto di un immobile in uno scopo di lucro?

Creare redditi passivi è possibile. Uno dei modi più semplici per farlo è investire negli immobili.

Per poter investire nel settore immobiliare è importante e fondamentale però conoscere tutti gli elementi connessi ad esso.

Grazie a questo libro imparerai a creare e a gestire un piano di investimento immobiliare che ti consentirà di gestire al meglio le tue finanze ed aumentare così il tuo patrimonio finanziario. Partendo dalla scelta dell'immobile al superamento della paura dell'investimento, scoprirai tecniche e strategie vincenti. Imparerai a valutare la fattibilità e a realizzare un piano aziendale. Ogni aspetto dell'investimento immobiliare viene analizzato in ogni minimo particolare e alla fine della lettura sarai in grado di elaborare un piano, valutare e studiare i rischi ai quali ci si espone quando si opera sui vari settori immobiliari!

Ecco che cosa otterrai da questo libro:

L'investimento immobiliare: gli elementi da tenere in considerazioneCome pianificare un investimento immobiliare***I sei passaggi per aiutarti a superare la paura dell'investimento***Gli step per scegliere la tipologia di immobile su cui investire***Le strategie da utilizzare per fare soldi con l'investimento immobiliare***Gli elementi essenziali che deve includere il piano aziendale immobiliare***Gli attori dell'investimento immobiliare***E molto di più!

Investire nel mercato immobiliare può sembrare difficile, ma **se si applicano le tecniche e le strategie giuste, è possibile ottenere rendite automatiche ed incrementare il proprio patrimonio.** Scopri subito come fare!

Also by Thomas J. Taylor

Ethereum kompakt: Ethereum für Anfänger: Die Grundlagen zur Geschichte, Gegenwart und Zukunft, zu Ethereum und Ethereum Classic, Ether, Ethereum Tokens, DApps, Smart Contracts und Ethereum Wallets

Ethereum Concise: Ethereum for Beginners: The Basics on History, Present and Future, on Ethereum and Ethereum Classic, Ether, Ethereum Tokens, DApps, Smart Contracts, and Ethereum Wallets

The Sandbox Coin: The SAND ERC-20 Utility Token on the Ethereum Blockchain

Immobili: La guida agli investimenti immobiliari. Scopri Come Guadagnare con la Compravendita e gli Affitti. Sviluppa la tua Economia con il Marketing nel Real Estate e Crea la tua Rendita Passiva

Mercati Finanziari: Scopri Tutti i Segreti del Mercato. La guida Completa per Capire la Finanza, Sviluppare la tua Economia e Puntare ai Giusti Investimenti.